LA MUSIQUE DES JOURS

LA MUSIQUE DES JOURS

HAÏKUS ET PHOTOGRAPHIES
ISABELLE VERNEUIL

JACQUES FLAMENT

ISBN : 978-2-36336-519-4
Dépôt légal : 1er trimestre 2022

Pour mon ami Ian
qui est et restera présent
dans la musique de mes jours

Quand je vis, la vie me manque.
Je la vois passer à ma fenêtre,
elle tourne vers moi sa tête
mais je n'entends pas ce qu'elle dit,
elle passe trop vite.
J'écris pour l'entendre.

La grande vie,
CHRISTIAN BOBIN

Premier confinement : écriture d'*Un printemps singulier* publié chez Jacques Flament en 2021. Deuxième confinement : cela me manquait, moi qui suis bavarde et à qui on reprochait au lycée de faire « trop long » dans les dissertations ou autres devoirs, cela me manquait de ne plus me concentrer sur l'écriture de haïkus. Ils permettent en effet de focaliser la pensée et ainsi de canaliser le monde en petites bouffées de méditation.

perturbant et stimulant
écrire au plus court
va à l'important

Cette présence au monde, au plus proche de mon expérience journalière, était un peu addictive et j'ai recommencé... Cette fois, partie sur ma lancée, j'ai décidé de faire ce journal en haïkus sur une année complète. Les quatre saisons de la nature et la réflexion d'une écrivaine un peu en marge d'une époque excitée. Dans le lointain, les échos d'une épidémie, les soubresauts d'une planète jamais en paix et les pensées affectueuses pour des enfants voyageurs de la Terre...

C'est bien entendu de nouveau vers Jacques Flament que je me suis tournée, ne sachant pas du tout si la sortie d'un tel bouquin était envisageable et me disant que sinon, ce serait comme le journal que retrouveraient mes enfants un jour... En attendant, c'était une façon de me connaître mieux moi-même tout en observant le monde à partir du point de vue d'un être vivant lui-même regardé à travers un appareil photo en réglage macro...

quel est mon reflet
dans ce monde mauvais ?
jamais on ne se connait

Et Jacques Flament a dit *Okay*...

ISABELLE VERNEUIL

noctuelle de la patience

chenille arpenteuse

VENDREDI 30 OCTOBRE

trésors de l'automne
resteront lointains…
non ! le jardin en est plein !

les librairies ferment
on ouvre le bar resto
venez les oiseaux !

SAMEDI 31 OCTOBRE

chenille perlée
rosée bien glacée
il lui faut de la patience !

je guettais les salamandres
mais écrabouillées…
mon cœur est serré

DIMANCHE 1 NOVEMBRE

un bouquet de chrysanthèmes
dans notre jardin :
dire mémé je t'aime

au loin j'entends la battue
sauve toi chevrette
ou tu es perdue…

LUNDI 2 NOVEMBRE

j'entends parler d'un bébé
confinée ou pas
c'est la vie qui va…

promenade autorisée
p'tit bois près d'chez moi
dis me revoilà !

MARDI 3 NOVEMBRE

récolté en hâte
les dernières en date :
coupé les plants de tomates

minute de silence
être professeur
et mourir dans cet'violence…

MERCREDI 4 NOVEMBRE

oui je peux faire certes
des beignets de tomates vertes
alors pas de perte !

chenille arpenteuse
au bout d'un fil voyageuse
où vas-tu comme ça ?

lierre en fleur

merle noir

arc-en-ciel et liquidambar

JEUDI 5 NOVEMBRE

gelée au jardin
repas de midi
un bouquet de brocolis…

de novembre le parfum
le printemps du lierre
manne pour chacun

VENDREDI 6 NOVEMBRE

nouvelle présidence
aucune importance
pour tout'les grues en partance…

poilue et jolie
chenille endormie
tout un chacun vit sa vie

SAMEDI 7 NOVEMBRE

séjour d'un enfant aimé
gouttes de gaieté
l'été prolongé !

fusent de partout
agiles longues-queues
elles sont très vives c'est tout !

DIMANCHE 8 NOVEMBRE

passereaux au rendez-vous
le mot est passé :
« ici on connaît ! »

ça y est, merle a commencé
razzia sur les baies
toute la journée !

LUNDI 9 NOVEMBRE

guerre en Arménie
je n'ai pas d'avis
mais je pense à mes amis

tout l'monde est ému
quand passent les grues ?
ou bien leurs cris les ennuient ?

MARDI 10 NOVEMBRE

les flammes du liquidambar
le ciel bleu répare
il est un rempart

le dernier bouquet
rose et orangé
on a taillé les rosiers

vieux châtaigniers

troglodyte mignon

vulcain

MERCREDI 11 NOVEMBRE

noueux, pleins de trous
les vieux châtaigniers sont roux
bestioles, c'est pour vous…

que disent nos morts
du confinement ?
dans nos pensées cependant…

JEUDI 12 NOVEMBRE

ça sent très bon… chic !
parfum exotique
c'est l'oranger du Mexique…

un tapis de pommes pourries
c'est une tuerie !
disent les souris

VENDREDI 13 NOVEMBRE

file le martin
sur mon vélo ce matin
j'fais la course en vain !

il fait doux pourtant
mais l'air qui est roux
nous dit qu'on arrive au bout…

SAMEDI 14 NOVEMBRE

les airs de piano
de notre fille le cadeau
c'est gai et c'est beau !

châtaignes rôties
je te garantis
c'est ça l'automne thérapie !

DIMANCHE 15 NOVEMBRE

doucement troglo !
piégé dans la serre :
s'énerver jamais ne sert…

pluie fine pluie jolie
oui l'eau c'est la vie
trempée, j'écoute ce qu'elle dit

LUNDI 16 NOVEMBRE

ouvrir la fenêtre
et chaque matin renaître
c'est vivre peut-être ?

es-tu le dernier vulcain
croisant mon chemin ?
l'hiver c'est demain ?

punaise américaine du pin

frelon asiatique

quelque part en Limousin

MARDI 17 NOVEMBRE

charme du p'tit bois
feuilles d'or font un tapis
éphémère… tant pis !

dans les feuilles rousses
c'est toute une troupe
jolies tourterelles qui gloussent

MERCREDI 18 NOVEMBRE

champignons violets
com'les enfants vous aimaient…
faciles à trouver !

tu viens d'Amérique
ton masque est d'Afrique
et punaise ! tu sens le pin…

JEUDI 19 NOVEMBRE

sur le sol manteau de feuilles
pour qu'un jour je cueille
des légumes à l'œil !

dans les feuilles rousses
qui attend sans fin ? (sans faim ?)
c'est le chat noir du voisin

VENDREDI 20 NOVEMBRE

mes pensées roulent et s'écroulent
fumée devient houle
paysage en boule…

sous les feuilles rousses
sont des vers de terre
mal aimés mais me sont chers

SAMEDI 21 NOVEMBRE

vieux rideaux fanés
ou vitres brisées
tant d'endroits abandonnés…

dans les feuilles rousses
le pic vert qui éclabousse
comme la vie est douce…

DIMANCHE 22 NOVEMBRE

le frelon joue du violon
sur croûte de fourme
pour lui du loukoum !

mêm'dans ce beau paysage
ça sent très mauvais
mais rien n'est parfait !

campagne limousine

sérénité du banc

dernière demeure

LUNDI 23 NOVEMBRE

des bois ? des jardins ?
impossible à deviner…
grimpereau se tait

vieille moi ? Mais non !
jeune, pour marcher
j'ai toujours pris un bâton

MARDI 24 NOVEMBRE

brouillard sur la Vienne
que personne ne vienne
cette magie est la mienne !

ne calent jamais
que viennent vents et marées
ils vont pédaler !

MERCREDI 25 NOVEMBRE

dans un grand carton
ça y est, mes livres sont là
mais qui les lira ?

entre chien et loup
bien campée sur mes deux roues
moi je pense à vous

JEUDI 26 NOVEMBRE

dans les champs parfois
tout rouillés on voit
vestiges du temps des charrois

le grand cèdre altier
– comme ça nous a attristés… –
est tout déplumé

VENDREDI 27 NOVEMBRE

marcher avec le grand-pa
même s'il fait bien froid
on n'renonce pas !

troupeau de moutons
petits et serrés
le ciel est tout pommelé

SAMEDI 28 NOVEMBRE

l'automne n'est pas flamboyant
mais couleurs pastels
doucement se mêlent…

une voiture rouillée
envahie, ensevelie,
symbole de la vie ?

mésange bleue

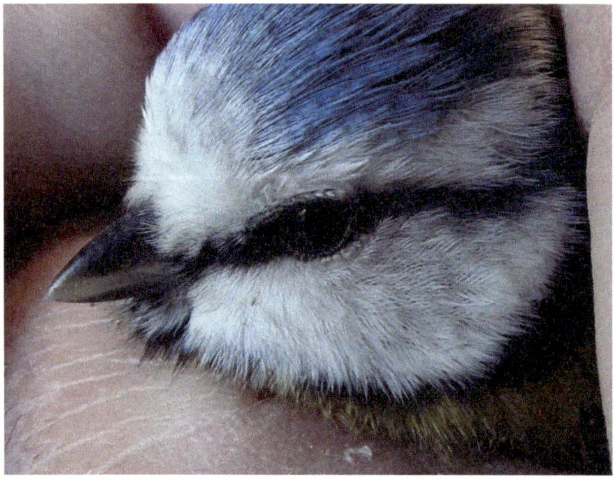

jour d'automne

monstre de la rivière

DIMANCHE 29 NOVEMBRE

en haut du tilleul
tout'seule une feuille
avant que le vent la cueille

mésange blessée
au creux de tes mains
quoi de plus beau que soigner ?

LUNDI 30 NOVEMBRE

ôter la fatigue
déposée sur mes épaules
comme un châle trop lourd

la lune se lève
un peu dans un rêve
c'est l'heure de prendre la relève ?

MARDI 1ER DÉCEMBRE

faire du lèche-vitrine ?
moi je fais la mine
parce que j'aime pas ça du tout !

les oiseaux ne chantent plus
leurs chants c'est fichu
je ne les sais plus !

MERCREDI 2 DÉCEMBRE

c'matin j'ai en tête
plein de fabulettes
pour consoler ceux qui doutent

curieux petit grimpereau
teste mon resto
s'en va dépité !

JEUDI 3 DÉCEMBRE

au milieu du pré
un roi tout déshabillé
couronne d'or au pied

entends ces bruitages
au dernier étage
la fouine qui fait du saccage ?

VENDREDI 4 DÉCEMBRE

au bois j'vois des têtes partout
– gentils monstres itou –
mais c'est grave docteur ?

envie de chanter
musique et beauté
le monde est ré-enchanté…

physalis dite *amour en cage*

arbres embrassés

ânon

SAMEDI 5 DÉCEMBRE

bouleaux dorés chên's cuivrés
ou rousses fougères
dansent avant l'hiver…

comment les aider
exilés ou déplacés ?
déjà écouter…

DIMANCHE 6 DÉCEMBRE

à vélo croisé la buse
tout près a miaulé
m'a fait sursauter !

il faut d'abord voir
pour raconter des histoires
et surtout y croire !

LUNDI 7 DÉCEMBRE

vous, choucas tyrans
silence dans les rangs
dans le jardin restaurant !

arbres enlacés
me font trop penser
à un jeun'couple embrassé

MARDI 8 DÉCEMBRE

le bruit de la chute
couvre la voix des oiseaux
on s'entend plus ! chut !

tout com'les limaces
faire de la compote
avec pommes de toutes races

MERCREDI 9 DÉCEMBRE

telle une châtaigne
dans les feuilles tombée
amour en cage oublié

j'aime son odeur
le poêle retrouve de l'ardeur
feu de bois bonheur

JEUDI 10 DÉCEMBRE

petit âne tristounet
tu viens dans mon pré ?
non, tu t'ennuierais…

la tête baissée
petits pas pressés
où ? lui seul le sait !

il est interdit d'interdire

aïe, ça fond ! (histoire de manchots)

coucher de soleil au jardin

VENDREDI 11 DÉCEMBRE

cul noir le cochon
tout est bon dit-on…
qui dort dine dit le dicton…

j'ai la nostalgie
des grandes tablées
où l'on chante et où l'on rit

SAMEDI 12 DÉCEMBRE

en prenant son temps
la pancarte a avalé
autre échelle on est…

visage dans la glace
je ne le reconnais pas
qui a pris ma place ?

DIMANCHE 13 DÉCEMBRE

mais où est mon Limousin ?
vraiment il enrage…
disparu bocage

plus très envie de parler
ni même de râler
qui m'a transformée ?

LUNDI 14 DÉCEMBRE

les arbres grincent ou bien grognent
et même font la trogne
à l'homme… sans vergogne

le chevreuil pressé
route à traverser
son derrière blanc m'a montré !

MARDI 15 DÉCEMBRE

il fait bien trop chaud
disent les manchots
on est dans le même bateau…

c'est l'été indien
d'un côté c'est bien
inquiétant tout aussi bien…

MERCREDI 16 DÉCEMBRE

moi j'aime bien les gens
de toutes couleurs
comme dans le jardin les fleurs

hiéroglyphes du soir
sur flambant du ciel
calligraphie du miroir

le vieil escalier

fusain

écorce

JEUDI 17 DÉCEMBRE

ballade du vent :
c'est un air de harpe
sur le tilleul en écharpe

des collines, des prés
moutons, haies et ruisselet
Limousin rêvé ?

VENDREDI 18 DÉCEMBRE

ma mémoire qui fuit
par les trous noirs de ma tête
au vent je la jette

deux haïkus par jour
c'est un défi pour
dire l'effroi de chaque jour

SAMEDI 19 DÉCEMBRE

ton arbuste préféré
s'appel'le fusain
chapeaux d'sacristain

tas de bois au pré
futur feu de joie !
mais est-ce bien autorisé ?

DIMANCHE 20 DÉCEMBRE

merle s'ébroue et s'énerve
dans les épluchures
que d'éclaboussures !

un vieil escalier…
il va nous mener
aux souvenirs oubliés

LUNDI 21 DÉCEMBRE

écorces ridées
plissées ou bien crevassées
graphiques et variées…

dis pourquoi les châtaigniers
tout entortillés
vont souvent vriller ?

MARDI 22 DÉCEMBRE

accouplement pèlerin
sur toit de l'église
logement en crise ?

tous deux jouent à chat…
les écureuils dans le chêne
font des entrechats

le temps en mouvement

ombre féline

hellébore ou rose de Noël

MERCREDI 23 DÉCEMBRE

le temps cette année
s'est arrêté, on dirait
le vent du boulet…

le fragon ou bien le houx
des fêtes de saison…
c'est comme l'avant-goût

JEUDI 24 DÉCEMBRE

comme pour une instit
offrir un bouquet de mots
l'plus beau des cadeaux…

rose de Noël on t'appelle
et on n'a pas tort…
tu dors hellébore ?

VENDREDI 25 DÉCEMBRE

un Noël masqué
en tout petit comité
le temps démasqué…

on sait tous ce qu'il faut taire
on dit *carpe diem*
mais qui sait le faire ?

SAMEDI 26 DÉCEMBRE

le ballet ailé :
les invités de passage
sont émerveillés

j'aime la lecture
pourvu que ça dure
je perds la tête ça c'est sûr !

DIMANCHE 27 DÉCEMBRE

temps va et temps vient
et tant est si bien
qu'il va valser à la fin…

faut sortir de nos tranchées
surtout essayer
droit de se tromper

LUNDI 28 DÉCEMBRE

sur l'ombre du chat
à l'affût comme il se doit
drôle de queue ma foi !

on frappe à la porte
mais qui donc sanglote ?
des feuilles mortes en cohorte

le froid (Paul Roger Bloche), Manosque

chou puant

scintillement de l'hiver

MARDI 29 DÉCEMBRE

j'aim'les chemins creux
les p'tits murs de pierre
souvenir des hommes d'hier

je suis fatiguée
vite une tasse de thé
rien de tel pour s'consoler…

MERCRDI 30 DÉCEMBRE

effronté robin
est-ce que tu nous suis
ou nous montres le chemin ?

les rêves très beaux
sans parler il faut
tenter d'les réaliser…

JEUDI 31 DÉCEMBRE

la table est dressée
trois petites roses
vienn'du jardin, pas pressées !

une année de moins
mais de chagrin point
espoir dans l'année qui vient !

VENDREDI 1ER JANVIER

démarrer l'année
avec l'amitié
c'est toujours bien commencer !

l'année a rempli la coupe
jusqu'au ras-le-bol
en route mauvaises troupes !

SAMDI 2 JANVIER

comme il fait bon, vois,
près du poêle à bois
quand dehors il fait si froid !

toute une histoire Chou Puant…
près de moi patient
symbole endurant

DIMANCHE 3 JANVIER

les premiers flocons
j'aim'bien qu'il y ait des saisons…
je sors au balcon

partager, transmettre
c'est comme renaître
dans un monde qui est plus beau…

limousine chagrine

flaque d'hiver

à l'horizon

LUNDI 4 JANVIER

trois corneilles noires
dans paysage étonnant
du brouillard givrant

vache limousine
attends je devine…
est-ce que tu rêv'de la Chine ?!

MARDI 5 JANVIER

balade intranquille
j'ai éteint sous le repas ?
… ça n'arrivait pas !

le temps file file file
je suis sur le fil
et le vieil âge se profile

MERCREDI 6 JANVIER

j'ai une pensée
pour tous les déshérités
préfèrent-ils l'été ?

et dans mon panier
carottes gelées et poireaux
et chou bien pommé…

JEUDI 7 JANVIER

dégradés pastels
la lumière est belle
mais j'n'ai pas mon appareil !

monde d'avant ou monde d'après
du pareil au même
l'homme il faut changer

VENDREDI 8 JANVIER

flaques de place en place
crack crack, crounch crounch, ff...
font les chaussures sur la glace

elles sont là les longues queues
que peuvent-elles trouver
au creux des rosiers ?

SAMEDI 9 JANVIER

fracas des volets
plus personne à la maison
j'fais plus attention !

du givre sur tous les toits
mouche qui tournoie
dis, tu n'as pas froid ?!

pont sur le Boulou

sittelle torchepot

impression d'hiver

DIMANCHE 10 JANVIER

le vieux frêne s'est effondré
sur notre ruisseau
il fait le gros dos

femelle épervier
qu'as-tu attrapé
là, juste sous notre nez ?

LUNDI 11 JANVIER

couleurs africaines
vous en avez de la veine
à c't'heure qui enchaîne !

moins six ou moins sept
dans le ciel tout noir
l'argent d'Orion se fait voir

MARDI 12 JANVIER

rester sous la couette
dehors il fait froid
rien envie de faire je crois !

sittelle ou pivert
toi aussi robin…
c'est vous qu'on entend l'hiver…

MERCREDI 13 JANVIER

le brouillard qui pleure
et le jour qui meurt
tristesse dans l'heure j'en ai peur

vaccine vaccine pas
ceux qui n'savent pas
ceux qui veulent ceux qui veulent pas…

JEUDI 14 JANVIER

Limousin l'hiver
rousse couleur des fougères
gris du ciel couvert

dans le pré tu vas plantant
une vraie forêt
pour nos descendants !

VENDREDI 15 JANVIER

les camélias sont en fleurs
est-ce que c'est bien l'heure !
le froid même pas peur…

entends les glapir
les moineaux même s'il est tôt
s'installent pour dormir

statue Marc Petit

chevaux en hiver

mère à l’enfant

SAMEDI 16 JANVIER

passant par chez Marc
saluées dans le parc
mes vieilles amies les statues

faut qu'on le regarde
plumage étoilé
par-dessus les prés

DIMANCHE 17 JANVIER

tuer la beauté
je ne comprends pas
mais comment aimer chasser ?

la chouette chevêche
inscrit une brèche
dedans l'étoffe du jour rêche…

LUNDI 18 JANVIER

décos enlevées
drôle de Noël cette année…
un peu tristounet !

les bourgs ont des noms bien doux
des noms de chez vous
Bouss'roux Massaloux…

MARDI 19 JANVIER

comm'une machine à écrire
sittelle rien de tel
donne envie d'écrire !

gelée à mi-champ
regrets à mi-temps
l'ombre s'étire au soleil…

MERCREDI 20 JANVIER

qui dit aux chevaux
qui peut avoir un manteau
pour avoir bien chaud ?

petit veau crotté
allongé et tout mouillé
tu m'as fait pitié !

JEUDI 21 JANVIER

bottes et parapluie
mini balade aujourd'hui
la flemme nous a pris !

parents vaccinés
me voilà bien soulagée…
mais rien n'est réglé

citation Giono (Correspondances de Manosque)

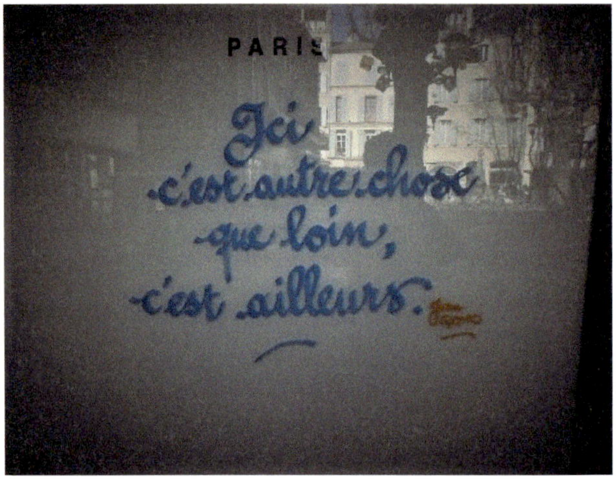

Les Alpes vues de Manosque

oliviers

VENDREDI 22 JANVIER

traverser la France
le sud quand j'y pense
toujours un soleil qui danse

le traîne buisson
n'émet pas un son
c'est le printemps sa chanson !

SAMEDI 23 JANVIER
(Manosque)

balcon le matin
le soleil au loin
qui éclate en tons soudains

ici c'est ailleurs
nous le dit Giono
et un peu chez moi d'ailleurs !

DIMANCHE 24 JANVIER
(Manosque)

les neiges éternelles
de la balade ritournelle
font l'image belle

grisaille hivernale
le long du canal
récurage intestinal

LUNDI 25 JANVIER
(Manosque/St-Paul)

le vent a poussé
la chapelle et le moulin
en haut du chemin

ciel bleu et chênes verts
le paysage est ouvert
sur un air d'hiver

MERCREDI 27 JANVIER
(Manosque)

des copines masquées
marcher et parler…
c'est bon de se retrouver !

rengaine ou antienne
c'est bien la grive musicienne
un peu magicienne

JEUDI 28 JANVIER
(Manosque)

dans les olivettes
j'ai imaginé
par mes enfants la cueillette…

on rentre chez nous
retrouver la boue
vie quotidienne on renoue

naissance

graines étoiles du liquidambar

appel au secours

VENDREDI 29 JANVIER

agneaux tout tremblants
jumeaux jaunes et tout jolis
début de la vie

grand affolement
des chênes verts dans le vent
comme chez mes parents

SAMEDI 30 JANVIER

les frontières fermées
quand va-t-elle rentrer ?
au moins elle a profité…

boueuse et pressée
c'est l'eau du ruisseau
qui s'est mise à grommeler…

DIMANCHE 31 JANVIER

sploch sploch font les bottes
de l'eau sous les mottes
dans le jardin on barbote !

mésanges allez-vous choisir
le nichoir pour vous
qu'on vient de construire ?

LUNDI 1ER FÉVRIER

l'Aurence, dis pourquoi tu danses ?
t'es bien énervée
couchée dans le pré !

du pied du liquidambar
vois le ciel d'été
des graines étoilées !

MARDI 2 FÉVRIER

le Boulou est dans le pré
de nos vieux pommiers :
il est à leurs pieds !

la Vienne en balade
a versé par-dessus bord
elle tangue et se tord

MERCREDI 3 FÉVRIER

sous le soleil doux
aujourd'hui le Cramoulou
est tout cradouillou !

la main hors de l'eau
est-ce qu'elle appelle au secours ?
j'vois des signes partout…

faucon crécerelle femelle

on peut frapper à la porte

Notre-Dame-des-Champs

JEUDI 4 FÉVRIER

c'est parti pour les rosiers
on n'voit rien qui bouge
mais bourgeonnent rouge

madame crécerelle
a des fourmis dans les ailes
mais peut voler, elle !

VENDREDI 5 FÉVRIER

bienvenue aux exilés
dit la maisonnée :
nouvel arrivé !

est-ce l'oiseau de métal
qui sur la clochette
a fait le gros sale ?!

SAMDI 6 FÉVRIER

je le reconnais
j'arrive pas à me coucher
« trêve ! » disait mémé

en vélo couché
on peut admirer
et tout le ciel chevaucher…

DIMANCHE 7 FÉVRIER

premières pâquerettes
me rendent bien guillerette
faisons place nette !

partout on entend
le clavier de la sittelle…
et son cri strident

LUNDI 8 FÉVRIER

chemin en gadoue
ne reconnais plus du tout…
c'est une vraie soue !

la haie est coupée
paraît qu'il fallait…
mais moi ça me fait râler !

MARDI 9 FÉVRIER

les grands ifs sont tombés
chapelle endeuillée
pour géants blessés

le nichoir pour les chevêches
va prendre sa place
dans le chêne en face

brouillard limousin

fauvette à tête noire mâle

après la pluie...

MERCREDI 10 FÉVRIER

notre déplacé
bien content d'aider
le travail comme dignité

beau paysage dans la brume
mon esprit s'embrume
surtout… gare au rhume !

JEUDI 11 FÉVRIER

la neige partout
pourtant pas chez nous !
dommage, j'aime ce rendez-vous…

le blaireau s'est promené
sur notre sentier
ses traces a laissées

VENDREDI 12 FÉVRIER

ce jour, rien n'est arrivé
je n'ai pas d'idée
et rien ne me plaît !

SAMEDI 13 FÉVRIER

ciel couleur pastel
du tissu rayé
comme pyjama de bébé

verglas à vélo
mettre pied à terre
pour protéger son derrière !

DIMANCHE 14 FÉVRIER

le jardin tout blanc
n'est pas encore au printemps !
givré tout le temps…

mes copines les grues
aux longs cris et aux longs cous
nous ont fait coucou !

LUNDI 15 FÉVRIER

mon bel arc-en-ciel
le trésor est à tes pieds
tout l'monde le sait !

fauvette à ton chant
je sais que tu es rentrée
têt'noire confirmée

loutre

chardonneret

primevères

MARDI 16 FÉVRIER

nuit d'enfer que faut-il faire ?
ambiance délétère…
la dégobiller !

maison pleine de jeunesse
et je suis malade
quelle impolitesse !

MERCREDI 17 FÉVRIER

le premier citron
la première tortue :
papillons bien arrivés !

deux p'tites bonnes nouvelles
une mauvaise nouvelle
quelle drôle de journée…

JEUDI 18 FÉVRIER

fini la dormance !
les pervenches prennent leur revanche
printemps espérance !

la gamine et son cousin
ont vu trois cigognes
… oui, en Limousin !

VENDREDI 19 FÉVRIER

grand départ d'aventuriers
faut pas injurier
l'futur raturé…

perce-neige et primevères
toutes persévèrent…
la fin de l'hiver ?

SAMEDI 20 FÉVRIER

revenu le clan des quatre
ont l'air de débattre :
les chardonnerets

les ifs sont coupés
couchés tout saignants
près de Notre-Dame-des-Champs

DIMANCHE 21 FÉVRIER

ôté chèvrefeuille
du pommier Japon
– qui trop embrasse dit-on… –

sont des empreintes de loutre ?
et puis des épreintes ?
tu rêves sans doute !

rouge-gorge

stalle de Mortemart

scille

LUNDI 22 FÉVRIER

il paraît que c'est ma fête
c'était ma mémé
qui me la souhaitait !

je plante les fèves
tout près rouge-gorge rêve…
son chant est sans trêve !

MARDI 23 FÉVRIER

jonquilles et puis scilles
– bien loin de la ville –
et puis anémones Sylvie…

c'est bien une loutre
traces et laissées confirmées
et le lieu en outre…

MERCREDI 24 FÉVRIER

un grand départ encore un
c'est dans le grand bain
qu'nos enfants sont bien !

pour couper du bois
une aide de roi
qui ne demande que ça !

JEUDI 25 FÉVRIER

le faucon pèlerin
dans la carrière s'est posé
enfin repéré !

mort d'une jeune fille
et mon cœur se vrille
pour son amie, sa famille…

VENDREDI 26 FÉVRIER

la fin d'un accueil
c'est passé en un clin d'œil…
on te garde à l'œil !

douce soit ta vie
bien remplie aussi
plus facile que jusqu'ici…

SAMEDI 27 FÉVRIER

la nuit la lumière
la lampe solaire
éclaire tout le potager !

quand on voit parfois
des gens la bassesse
faudrait leur botter les fesses !

processionnaires du pin

gros bec

au dortoir les choucas !

DIMANCHE 28 FÉVRIER

c'est bon de se retrouver :
tout ce temps passé
sans trop partager…

camélia content
pas de vilain temps
pour abîmer ses boutons !

LUNDI 1ER MARS

les topinambours
ça y est sont plantés
sans trompette et sans tambours !

mes jambes en coton
la vie est coton
ma maison est un cocon

MARDI 2 MARS

le long de la Vienne
des ragondins, sangliers…
et chevreuils y viennent

ma mémoire qui fuit
fissures à foison
un poison à ma façon

MERCREDI 3 MARS

parties en goguette
jolies chenillettes…
vous les pins faites attention !

le faisan perdu
seul et éperdu
le chasseur a attendu

JEUDI 4 MARS

Plume blanche j'ai revu
choucas revenu
j'te croyais perdu !

pinsons du nord et gros becs
les oiseaux du froid
pas venus chez moi !

VENDREDI 5 MARS

plein d'sève de bouleau
avant d'se mettre au boulot
on boit au goulot !

le monde sans mes lunettes
plus flou et plus doux
mais trompeur du coup !

l'intruse

la mort du morosphinx

roitelet triple bandeau

SAMEDI 6 MARS

première hirondelle
à tir'tire-d'aile
m'a fait la journée très belle !

grand corbeau a fait cra cra
il est bien présent
je le croyais pas !

DIMANCHE 7 MARS

quand le dos en a plein l'dos
de trop de fardeaux
fait pas de cadeau !

papillon griset
intruse nommée
a un secret orangé…

LUNDI 8 MARS

ma sœur mes amies
me manquent aujourd'hui
quand est-ce que tout ça finit ?

journée pour les droits des femmes
j'pense à celles qui rament
tous les autres jours…

MARDI 9 MARS

j'ai des inquiétudes
pour tout's les vies rudes
ça interpelle ma quiétude

Méditerranée
cimetière d'espoirs morts-nés
ne pas accepter

MERCREDI 10 MARS

le temps arrêté
pour te réparer
mon ami tout abîmé

mini hélico
sphinx moro incognito…
est mort subito ?

JEUDI 11 MARS

jamais je ne te voyais
maint'nant je t'entends
roitelet tout le temps !

sur souche vieillotte
semer les pleurotes…
pour les faire en gibelotte !

écureuil roux...

... dans les primevères

je sais bien que tu es là !

VENDREDI 12 MARS

comme tous les matins
saluer le jour qui vient
t'écouter, jardin !

greliner et préparer
avant de pailler :
faut se tenir prêt !

SAMEDI 13 MARS

arroser ou expliquer :
aller doucement,
respecter le temps

dis, tu bois la sève ?
après l'hiver c'est ton rêve
papillon tortue ?

DIMANCHE 14 MARS

lancinant tchiff tchaff
tu fais bien ton taf…
ton chant est tonitruant !

le blog du fiston
c'est un vrai filon
aventures tout au long !

LUNDI 15 MARS

cette année le mimosa
mimer il osa :
partout feux de joie…

la vie lassitude
ta sollicitude
je suis pleine de gratitude

MARDI 16 MARS

un nid de milans
le couple est déjà présent
épié à présent !

toujours, à vélo,
je fais des haïkus très beaux
perdus aussitôt…

MERCREDI 17 MARS

coquilles cassées…
la forge de l'écureuil
est bien mal rangée !

herbes folles des rues
pourquoi les couper ?
et la vie éliminer ?

petite poupée d'Afrique

poupée Giseny (Rwanda)

grange à trophées

JEUDI 18 MARS

planter des griffes d'asperge
au bord de la berge
…et prendre patience

manger l'pot au feu
pendant qu'il est temps…
tout bientôt c'est le printemps !

VENDREDI 19 MARS

partout dans les prés
grands arbres coupés
mon cœur en est déchiré

qui ne comprend pas
que nous ici-bas
tous vivre ensemble il faudra ?

SAMEDI 20 MARS

ce jour de printemps
il est encore temps
partageons les mots du vent !

des portraits en noir et bleu
et pour tous les yeux
les noirs et les bleus

DIMANCHE 21 MARS

d'espoir soyons un peu ivres
le printemps arrive
c'est le temps de vivre !

temps de vivre et temps de lire
surtout il faut rire…
et s'émerveiller

LUNDI 22 MARS

elle inspecte le nichoir
la mésange bleue
les issues veut voir…

le pigeon recharge
revient à la charge
son nid au cœur du sapin

MARDI 23 MARS

parfois endormie
ou en insomnie
conscience n'est jamais partie

de tout'les couleurs
sur les murs de grange
des plaques porte-bonheur !

stellaire holosté

compagnon rouge ou silène dioïque

renard en colère

MERCREDI 24 MARS

écrire, lire et jardiner
cuisiner, marcher :
mes activités !

accenteur discret
qu'on appelle mouché
commun mais qui te connaît ?

JEUDI 25 MARS

stellaires holostées
langues d'oiseau effilées
vierges immaculées

un bouquet qui bouge
de compagnons rouges
silènes pas vilaines !

VENDREDI 26 MARS

c'est une misère que j'ai mis
dans l'entrée pardi
elle fait très joli !

en van ou bien à vélo
nos enfants bientôt
nous f'ront perdre le ciboulot !

SAMEDI 27 MARS

on attend qu'ils meurent
pour dire que *black lives matter*
c'est un vrai malheur…

un raffut du diable :
la corneille est chez les pies
dame, c'est elle le diable !

DIMANCHE 28 MARS

enfant je guettais
les premières feuilles qui poussaient…
et je les ratais !

rapide et puissant
le saut du renard
pour le mulot, c'est trop tard !

LUNDI 29 MARS

ami chez lui retourné
on peut espérer
le pire est passé…

le geai fait le guet
il vient de sauter
sur une branche dans le pommier

crapaud commun

dent-de-chien

la chapelle du Rat

MARDI 30 MARS

attendre sans fin
pour avoir enfin
une chance d'avoir le vaccin…

deux chevreuils tranquilles
ils se sont arrêtés pile
nous ont regardés

MERCREDI 31 MARS

crapaud tout prêt à sauter
tout plat écrasé
patte haut levée

les chauves-souris de sortie
l'une d'elles a jailli
et j'ai tressailli !

JEUDI 1ER AVRIL

la haie de laurier
a décidé d'embaumer…
pour se faire aimer ?

épidémie terminée
Covid oubliée…
c'est poisson d'avril !

VENDREDI 2 AVRIL
(plateau de Millevaches)

grands arbres en cadence
dans l'vent en rond tous ils dansent
chacun dans son sens…

t'as bien des misères
ma frangine volontaire… mais
bon anniversaire !

SAMEDI 3 AVRIL
(plateau de Millevaches)

partout champs de ruines
les coupes blanches et rases
vraiment c'est trop naze !

pourquoi dent de chien ?
drôle de nom le tien
une fleur ça ne croque rien !

DIMANCHE 4 AVRIL
(plateau de Millevaches)

rochers prières d'autrefois
et chemin de croix
la chapelle du Rat

touffes rondes comme pierres
tourbières toutes sèches
dis donc c'est la dèche !

sarcelle d'hiver qui s'endort

jacinthes des bois

rouge-queue noir

LUNDI 5 AVRIL
(plateau de Millevaches)

élégantes mais
toujours cul en l'air
ce sont les sarcelles d'hiver

sous le tulipier
plaisir de jouer
avec nos enfants enjoués…

MARDI 6 AVRIL

lièvre à pein'vu disparu…
oreilles dans le vent
va tout droit devant…

c'est bien confirmé
les blettes sont de la chevrette
l'dessert préféré !

MERCREDI 7 AVRIL

eux les rouges-queues
je les vois bien tous les deux…
où est leur chez-eux ?

ça y est je l'ai vu…
pour le fabriquer
ils ont fait des saletés !

JEUDI 8 AVRIL

elle s'est ressemée
la giroflée parfumée
ta fleur préférée !

le serin est arrivé
va nous seriner
pas fini cini ?

VENDREDI 9 AVRIL

dans les bois, sur les talus
d'un coup les jacinthes…
j'aime cette teinte !

comme le plein été
puis il se met à geler
tout est déréglé…

SAMEDI 10 AVRIL

la pluie attendue
est finalement venue
tout le monde a bu !

muscari jailli
dans la fente du trottoir
trouves-tu à boire ?

monnaie-du-pape

sceau de Salomon

éphémère

DIMANCHE 11 AVRIL

gaillet on dit que
tu faisais cailler le lait
mais est-ce que c'est vrai ?

les vaches mouillées
sont curieuses et étonnées
de nous voir passer…

LUNDI 12 AVRIL

passer de trente à moins huit…
gelées dramatiques
crise climatique

toujours chez grand-mère
y'avait un bouquet en grappe :
la monnaie-du-pape

MARDI 13 AVRIL

sceaux de Salomon
muguet sans renom
très sages dans le sous-bois

le muguet est ressorti
lames bien pointues
le croyais perdu !

MERCREDI 14 AVRIL

beaucoup trop de vent
les oiseaux ont décidé
la grève du chant !

deux bébés hulottes
aux plumes d'argent
ont fini brutalement

JEUDI 15 AVRIL

regard'leurs festons
qui ourlent le ciel
buses en couple c'est officiel !

il y a trente-cinq ans
que nous sommes mariés
dis donc ça fait bien longtemps !

VENDREDI 16 AVRIL

éphémère elle est
et du monde ne connaît
qu'une journée ventée

Balbu que fais-tu ?
dans la Vienne pêches-tu ?
ou bien migres-tu ?

pic vert mâle

scutigère

écaille fermière

SAMEDI 17 AVRIL

chanceux tu l'a vue
la fouine assassine
la furtive clandestine !

Charbo à l'hôtel
poussent un peu les murs…
pour les voisins est-ce dur ?

DIMANCHE 18 AVRIL

le monsieur pivert
dans son habit vert
de sa moustache est très fier

sortir les poubelles
nuit triste et très belle
hulotte sanglote un appel

LUNDI 19 AVRIL

dans le sapin vert
les roitelets font
le tour du propriétaire…

une écaille d'Andalousie
fermière pas d'ici
on veut mon avis !

MARDI 20 AVRIL

contente du thé gourmand
qui permet enfin
de voir les voisins

petit plan d'eau, des appeaux…
un épouvantail
quelles drôles d'épousailles !

MERCREDI 21 AVRIL

petites flammèches
sont comme des mèches
c'est les fumeterres

jardinier est las
il gèle, vente et ne pleut pas
pourri ce climat !

JEUDI 22 AVRIL

vu l'étrange scutigère
se carapater
quelle célérité !

y'a des invités
il faut leur faire à manger
mais j'aime ça tu sais !

maman...

asphodèle

... et bébé

VENDREDI 23 AVRIL

mignonnettes petites black
comme trois œufs de Pâques
en rang dans le parc

notre buse blanche
tout en nonchalance
avec son partenaire danse…

SAMEDI 24 AVRIL

remue-toi Isa !
la douleur fait sa diva
ne l'écoute pas !

déjeuner dehors
bien sûr ça restaure
et l'moral ça améliore !

DIMANCHE 25 AVRIL

petite chevrette a trouvé
chaussure à son pied
aïe ! le potager…

champ de pissenlits
les bulles de graines multiplie
devoir accompli !

LUNDI 26 AVRIL

les salades sont repiquées
les oignons plantés
de l'eau s'il vous plaît !

la belle asphodèle
jeune était vilaine
beauté cachée se révèle !

MARDI 27 AVRIL

mignons canetons
la cane de ses rejetons
fait l'éducation

l'épicier n'est pas ravi
vient de Tunisie
n'aime pas la pluie !

MERCREDI 28 AVRIL

les martinets noirs
là-haut se font voir
paraît qu'ils dorment en volant !

j'ai bien vu leurs crottes
chauves-souris complotent
ont pris leurs quartiers d'été

cétoine funeste

carte géographique

épeire de velours et sa proie

JEUDI 29 AVRIL

finalement le muguet
devrait être prêt
pour le premier mai !

papillons de nuit
j'aime leurs couleurs
et leurs dessins même pas peur !

VENDREDI 30 AVRIL

c'est toi la cétoine
pas du tout funeste
au cœur de la fleur tu restes

pommes de terre plantées
lilas ne fleurira pas
gelé cette année

SAMEDI 1ER MAI

j't'attendais loriot !
bavard et très beau
mais toujours caché très haut…

le travail c'est la santé
faut l'partager mais
qu'il soit passionné !

DIMANCHE 2 MAI

t'as vu un blaireau ?!
dans le pré en plein'journée…
Tu crois qu'ça s'pourrait ?

la carte géographique
trompe d'éléphant
fait très exotique !

LUNDI 3 MAI

les mains dans la terre
je vois tout en vert
la nature est notre mère ?

j'ai fait du purin d'orties :
donner appétit
aux légumes, aux fruits !

MARDI 4 MAI

t'es bien planquée araignée
ton repas est prêt
encore emballé…

ça y est ça réclame
devant notre porte
rouge-queue n'aime pas trop qu'on sorte !

malachie deux points

grenouilles

le train sur le toit

MERCREDI 5 MAI

malachie deux points
qu'as-tu mal acquis ?
t'es du jardinier l'ami !

châteaux en Espagne
être à la campagne
c'est un pays de cocagne !

JEUDI 6 MAI

dis, tu attends les bondrées
faut me les montrer
toi qui les connais !

lathrée clandestine
une seule rescapée :
ne reste qu'un peuplier !

VENDREDI 7 MAI

dans le serpolet
abeilles affairées
ont l'air de se dépêcher !

le train sur le toit
du fond de mon pré ma foi
un Chagall je vois

SAMEDI 8 MAI

t'appelles la hulotte
le grand mâle vient et chuchote :
ouh ! qui êtes-vous ?

joli mois de mai
l'herb'n'a pas poussé
maint'nant ça va commencer !

DIMANCHE 9 MAI

faut changer nos vies
pour sauver la vie
viva la *vélorution* !

les grenouilles vertes qui chantaient
elles m'ont enchantée
étaient enrouées !

LUNDI 10 MAI

le rapace plane
l'insecte décolle
et avec eux je m'envole

crottin de cheval
un vrai festival !
les plantes trouv'que c'est royal…

mue d'araignée

fleur de coucou

œufs de punaise

MARDI 11 MAI

pour une nouvelle vie
quitter comme une exuvie
ce qui asservit

tous les jardiniers du monde
s'émerveillent de voir
la terre si féconde !

MERCREDI 12 MAI

zoom désagréable !
mieux que rien je le conçois…
me voir j'aime pas ça.

pommes de terre sortent de terre
fières et volontaires
y'a plus qu'à attendre !

JEUDI 13 MAI

une pensée pour celle
qui s'en est allée
elle qui aujourd'hui naissait

cette année fleur de coucou
t'es nouvelle chez moi
mais ton nom pourquoi ?

VENDREDI 14 MAI

parent rouge-queue
nourrit ses petits
fait le ménage du nid

violence intestine
j'ai mal à la Palestine
l'Histoire est mesquine

SAMEDI 15 MAI

des œufs comme des perles
mais s'ils intéressent les merles
punaise ! c'est mortel…

trop sec, il pleut trop
ou bien trop de vent…
jardinier jamais content !

DIMANCHE 16 MAI

chevalier guignette
au bord de l'Aixette
la queue toujours en mouv'ment

lune en lumignon
je sors la poubelle
dans la prière des grillons

aubépine

hanneton commun

anthrènes bigarrés des tapis

LUNDI 17 MAI

au ras des pâquerettes
j'ai vu des anthrènes
mangent les tapis ces vilaines !

une année à hannetons
bruyants et bougons
comme des p'tits camions

MARDI 18 MAI

nous t'aimions beaucoup
aubépine on te regrette…
vilaine chevrette !

on s'prépare enfin
à voir les copains
les amis et les cousins !

MERCREDI 19 MAI

c'est fait il est arrivé
c'est *Y a pas problème*
le petit dernier

apprendre à lire à trente ans
tellement important…
mais ça prend du temps

JEUDI 20 MAI

et tous les matins je crains
trouver au jardin
les traces du chevreuil…

contente de penser
qu'on va r'commencer
théâtre, musées, ciné…

VENDREDI 21 MAI

aller parler dans le poste
tenter d'expliquer
l'exil et l'accueil

limaces oiseaux et chevreuils
manque plus qu'l'écureuil
jardin trop accueille !

SAMEDI 22 MAI

ça déluge, ça dégringole…
les limaces rigolent
ce temps elles raffolent !

au lieu du ciné
du feu dans la cheminée
pluie sur les pavés

ambiance printemps

graminées

rouge-queue noir

DIMANCHE 23 MAI

hourrah un salon !
pas l'temps idéal ça non…
bonne chance moussaillon…

parler, échanger…
même vendre quelques livres
surtout se cailler !

LUNDI 24 MAI

en mai fais ce qu'il te plaît
c'est ce qu'on m'a dit
pourtant c'est pas vrai !

voir entre les gouttes
des bijoux qui rien ne coûtent
mais qui nous envoûtent

MARDI 25 MAI

ça piaille et ça piaille
de tous les côtés
tous vont bientôt s'envoler…

poussant leurs troupeaux
hordes de fourmis
ne font pas choses à demi…

MERCREDI 26 MAI

notre buse blanche
un serpent au bec
va s'en payer une tranche !

les juliennes des dames le soir
embaument dans le noir
sont lilas… et stars !

JEUDI 27 MAI

beau temps revenu
les graminées poussent dru
fleurs n'ont pas paru…

des plumes arrachées
les bébés rouge-queue ?
par-là la fouine est passée…

VENDREDI 28 MAI

ouf un bébé rescapé
comme un coq en pâte
attend la becquée

croisé sur la route
goupil malchanceux
a fini en croque-monsieur…

voilà ! dit la maman mésange bleue

j'ai faim...

la chouette en émail

SAMEDI 29 MAI

pas en avance cette année !
première rose est née
de la dernière pluie !

au faîte du toit
à petits bonds petits pas
merle je te vois !

DIMANCHE 30 MAI

j'y vais j'y vais pas ?
c'est loin tout en bas !
bébés bleus se sont lancés

enfants dans l'jardin
les p'tits Arméniens…
fleurs et insectes : sauve qui peut !

LUNDI 31 MAI

une petite chouette colorée
garde notre entrée…
vous êtes arrivés !

manger dehors quel plaisir…
à l'air on respire
et ensemble on rit

MARDI 1ER JUIN

pour se mettre à table
ou jouer au scrabble
dis donc c'est bien d'être quatre !

parents et enfants
parents et petits-enfants
la vie qui reprend !

MERCREDI 2 JUIN

le marché avec maman
la vie ordinaire
quel soulagement !

se faire une belote
chez nous c'est sûr, ça fédère
et puis dix de der !

JEUDI 3 JUIN

menu : soupe d'orties
et une quiche aux blettes
si j'avais su j's'rais pas v'nu
(se dit mon père)

rencontre au sommet
un goûter pour les Anciens
un moment très bien !

orchis bouc

sonneur à ventre jaune

libellule déprimée femelle

VENDREDI 4 JUIN

sur l'enclume, musicienne
fait sa mise en scène :
coquille percussions !

enfants globe-trotteurs
j'vous souhaite du bonheur
tout plein d'amour dans le cœur...

SAMEDI 5 JUIN
(Vaucresson)

trois générations
autour de la table
ça en fait des discussions !

ensemble se balader
rire et papoter
trucs presqu'oubliés…

DIMANCHE 6 JUIN
(château de Villarceaux)

le Moyen Âge au château
c'est l'été bientôt
il fait presque chaud…

étrange orchis bouc
chaque fleur porte un long bouc…
et elle sent le bouc !

LUNDI 7 JUIN
(Paris)

que donnent à voir les sculptures ?
le corps ou bien l'âme ?
j'ai du vague à l'âme

un pizzaïolo
et une pizza
quel repas sympa !

MARDI 8 JUIN

leur dire au revoir
ou plutôt *goodbye*
plus d'élèves ça f'ra bizarre…

Madame libellule d'or
déprimée c'est toi
mais ce n'est pas moi !

MERCREDI 9 JUIN

les yeux des sonneurs
font comme des cœurs
leur ventre est couleur de beurre

graminées ou poacées
de nom ont changé
pour tout compliquer ?

coquelicot

morelle dite *douce-amère*

pinson des arbres

JEUDI 10 JUIN

petits poireaux repiqués
la tête bien coupée
de la paille au pied…

cette fois c'est reparti
les fèves et patates
ont vraiment grandi !

VENDREDI 11 JUIN

dans la bière les limaçons
saoulés et noyés
fallait pas s'gaver…

coqu'licots fragiles
un souffle de brise…
envolées les fleurs graciles

SAMEDI 12 JUIN

leçon de français
sous les tilleuls du jardin
embaumant sans fin

la fresque panorama
l'angoisse exprima
sauvons le climat !

DIMANCHE 13 JUIN

on est bien chez nous
c'est pas vrai partout…
réalité douce-amère

laver sous les chauves-souris
couper roses fanées
et faire le dîner !

LUNDI 14 JUIN

les Anglais le disent au miel
et c'est ce que sent
son parfum puissant
(*honeysuckle* chèvrefeuille)

chouette la première réunion
dehors et en vrai
on a pris le frais !

MARDI 15 JUIN

pas en infusion
mais au potager
camomille fait beau bouquet !

à tes pieds, bel endormi,
le pinson cherchait
miettes du dîner !

reflet

hirondelles rustiques sur une portée

vautour fauve

MERCREDI 16 JUIN

petites hirondelles
sur une portée
ma tristesse ont emportée

petit arbre se regarde :
où j'ai pu pousser
c'est une drôle d'idée !

JEUDI 17 JUIN

pour moi le jasmin
c'est l'odeur de l'Inde…
aujourd'hui dans mon jardin !

jonchée de pétales
l'orage a grondé
et les roses a fait pleurer…

VENDREDI 18 JUIN
(Toulouse)

repas tranquille au jardin
et contentement
de ce bon moment

mais

ce soir les vents sont contraires,
la mort carnassière.
adieu mon beau-frère

SAMEDI 19 JUIN
(Labarthe Rivière)

douces montagnes tout autour
elles montent la garde
avec les vautours

aïe aïe aïe ça gratte…
ce sont les tiques scélérates
qui ont encore frappé !

DIMANCHE 20 JUIN

immense percnoptère
plane, passe et repasse
entre ciel et terre

les petits crécerelles
se chamaillent battent des ailes
piaillent de plus belle…

LUNDI 21 JUIN
(Labarthe Rivière)

qu'elles s'appellent girolles
ou bien chanterelles
pour moi, les meilleures c'est elles !

un chien très gentil
des poules, un nain de jardin
en famille c'est bien !

tombes cachées (cimetière de Son, Espagne)

achillée mille-feuilles

fleurs de châtaignier

MARDI 22 JUIN
(parc d'Aiguestortes, Espagne)

aigle botté, gypaète…
mon mari ne sait
où tourner la tête !

plein de geais au lac
de l'eau en cascade
et l'orage en embuscade…

MERCREDI 23 JUIN
(parc d'Aiguestortes, Espagne)

un hôtel désert
villages entre ciel et terre
chapelles et cimetières

ils doivent être bien
les morts, dans ce petit coin
au milieu des fleurs

JEUDI 24 JUIN

nos premières fèves
ont un goût de trêve
c'est le printemps qui s'achève

une feuille comme mille-feuilles
mais à qui elle est ?
bien sûr l'achillée !

VENDREDI 25 JUIN

le parfum des châtaigniers
ici familier…
si particulier

marché de potiers
on fait volontiers
des choses presqu'oubliées !

SAMEDI 26 JUIN
(Aydat)

trente-trois ans ma fille
je te revois toute petite
et les yeux qui brillent

familiers mais étrangers
ce sont tous nos lieux
souvenirs heureux

DIMANCHE 27 JUIN
(Issoire)

quand on pend la crémaillère…
le temps on suspend
mais pas pour longtemps !

un espace humide
c'est vraiment loin d'être vide :
ça grouille de vie !

orchis pourpre

orchis abeille

merles au nid

LUNDI 28 JUIN
(Beaumont)

un tour sous la pluie
oui mais avec une amie
la douche tant pis !

bien cachées dans sa pelouse
trois espèces d'orchis
touts aussi jolis !

MARDI 29 JUIN

dans le potager
raisin d'Amérique
comment es-tu arrivé ?!

tout est luxuriant
car je me laisse envahir
faudrait que j'en vire !

MERCREDI 30 JUIN

champ d'hoplies sur champ d'orties
sont vraiment fluo
photo éblouie !

dans le noir au cinéma
je m'retrouve là-bas
et où que ce soit…

JEUDI 1ER JUILLET
(Les Monédières)

le brouillard a tout empli
rien n'est défini
mais l'été où est-il ?

voler comme l'oiseau…
ton estomac retourné
vite vite vite rentrer !

VENDREDI 2 JUILLET

le cri du faisan
la femme du chasseur
reconnaît immédiat'ment !

ne faut pas couper la haie
moitié de l'année
souvent occupée…

SAMEDI 3 JUILLET

des fèves à la croque au sel
oui j'en amoncelle
dans mon escarcelle !

avec leurs parents
ce sont les fauvettes
qui, dans l'arbre, font la fête

martin-pêcheur

rose du jardin

lucane femelle

DIMANCHE 4 JUILLET

dépouillés les groseilliers
courgettes croquées
dans l'garde-manger !

du menu fretin
cogne le martin…
et l'avale, c'est son destin !

LUNDI 5 JUILLET

festival d'été ?
chez nous c'est la grive
qui régale à satiété !

arrivé enfin
Grand Indicateur
conte enfantin africain

MARDI 6 JUILLET

sanglots des rouge-queues
en train de chercher…
où sont passés nos bébés ?

parfum délicat
d'une p'tit'rose lilas
sur ma nappe à fleurs

MERCREDI 7 JUILLET

des fèves à tous les repas
on se lasserait…
et on s'en lassa !

un rideau de pluie
pourtant on est à l'abri
arbres parapluies !

JEUDI 8 JUILLET

les petits en Croatie
(voyage pas fini !)
la vie infinie

femelle de lucane ?
ou bien petit'biche ?
la première : taille et couleur !

VENDREDI 9 JUILLET

ils se sentaient cap…
mais ils n'iront pas au Cap
Covid les rattrape…

je déteste le shopping
mais avec ma fille
j'ai trouvé sympa !

oronges dites *amanites des Césars*

pie bavarde

tendresse de chevreuil

SAMEDI 10 JUILLET

la pie a appris
l'heure du petit déjeuner
les miettes ça lui plaît !

tu sculptes le bois
pour moi les mots viennent ou pas
chez nous, c'est comme ça !

DIMANCHE 11 JUILLET

voilà des milans
des milans et des milans :
partent en migration

toi odieux oïdium
tu peins tout en blanc
et c'est la mort ou tout comme…

LUNDI 12 JUILLET

il pleut et il mouille
je n'suis pas grenouille !
et j'ai le moral qui rouille !

la chevrette est revenue
avec son petit
faire l'tour du propriétaire

MARDI 13 JUILLET

de bonnes nouvelles
de ceux et de celles
qui encore se font la belle !

sur les pistes en Namibie
ou en Croatie
nos p'tits font leur vie…

MERCREDI 14 JUILLET

la Vienne aussi haute
un mois de juillet
moi je ne l'ai vue jamais !

le Boulou se prend
tout à coup pour un torrent…
en un rien de temps

JEUDI 15 JUILLET

trouvé des œufs à la coque :
amanites césars
ou oronges : de l'art !

un fort vent de sable
expérience préjudiciable
aux tentes et vélos…

bourrache officinale

ptérophore

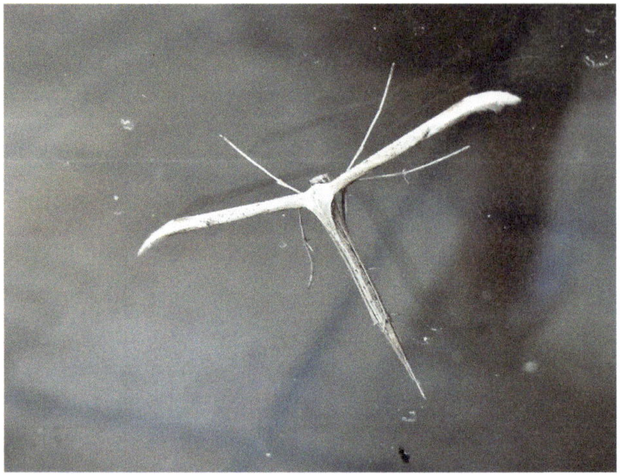

bébé pigeon ramier

VENDREDI 16 JUILLET

la bourrache a du panache
les abeilles et moi
sommes des fans de choix !

quand y a d'la visite
c'est une réussite…
si c'est bon dans la marmite !

SAMEDI 17 JUILLET

une mouche coccinelle
vraiment m'a bluffée !
mouche ou coccinelle ?

petit monstre dans ton duvet
quelle tête tu nous fais
p'tit pigeon ramier ?

DIMANCHE 18 JUILLET

et ben nom de Diu !
saleté de mildiou
mes tomates ont l'air chelou…

j'ai récolté mes patates
avant que tout rate :
petites comme des rattes !

LUNDI 19 JUILLET

un peu imparfaite
et puis éphémère
c'est ça la beauté en fait (en fête ?)

tout beaux tout ronds mes oignons
je les trouve mignons
tous en rangs d'oignons !

MARDI 20 JUILLET

drôle de ptérophore
comme un signe de sémaphore
pour quelle métaphore ?

expos, concerts et salons
pour nous tout est bon
partout nous allons !

MERCREDI 21 JUILLET

martinet tombé du nid
tu avais trop chaud…
mais c'était trop tôt !

l'odeur d'abricot
dans tout'la maison
la confiture de saison

à l'abri

troglodyte mignon

fantôme fougère

JEUDI 22 JUILLET

ça y est ils sont en Sicile
nos aventuriers
c'est quand même plus près !

le train est passé
tiens il n'a pas klaxonné…
conducteur distrait ?

VENDREDI 23 JUILLET

que j'aime l'odeur du bois !
dans la cheminée…
ou quand on le broie

bec ouvert la pie…
on dirait qu'elle rit
elle a trop chaud j'ai compris !

SAMEDI 24 JUILLET

28 ans déjà
une petite Laura
se retrouvait dans mes bras !

des gouttes de pluie
dessus la poussière
parfum poivré comme hier…

DIMANCHE 25 JUILLET

sans joie sans public
les Jeux Olympiques…
mais ça change rien pour moi !

toute petite araignée dans
sa chambre de soie
faut rester chez soi !

LUNDI 26 JUILLET

tout petit troglo
tout mignon trop beau
tu es rigolo

gros pinceaux violets
de mes artichauts
est-ce qu'ils plaisent aux oiseaux ?

MARDI 27 JUILLET

mélisse fleurit
qui bientôt envahira…
thé froid on fera !

renard martre et chouette
que de bêtes vues cette nuit
parmi elles on vit

bryone dioïque dite *navet du diable*

sphinx du liseron

détail

anthurus d'archet dit *les doigts du diable*

MERCREDI 28 JUILLET

mille et une notes
dans le ciel d'été
c'est beau… mais il fait bien frais !

bryone herbe feu
ou navet du diable
grimper tu en es capable !

JEUDI 29 JUILLET

les citrouilles comme des lampions
grossissent à vue d'œil
bientôt lumignons !

vacances ou vacance ?
c'est sûr : un nouveau roman
faut que je commence !

VENDREDI 30 JUILLET

c'est le Sphinx du liseron
pour le camouflage
qui est le vrai champion !

puant et vilain
Anthurus d'Archer
sont les doigts du diable tiens !

SAMEDI 31 JUILLET

rave-party de fouine
ton pass sanitaire ?
tu deviens trop familière !

le moral en berne
l'été est si terne
et je pense à mon ami

DIMANCHE 1ER AOÛT

un air de piano
c'est à la radio
mais pour moi c'est la petite…

rosiers grise mine
la pluie ça les mine
peu de bouquets cette année…

LUNDI 2 AOÛT

musaraigne ou campagnol
habit'le compost
des fraises raffole…

dis, va t'installer ailleurs…
j'veux pas que tu meures,
mais tu déménages !

lande de Frochet

reine-des-prés

chenille du bombyx de la ronce

MARDI 3 AOÛT

sous mon capuchon
moi je suis tout ouïe
étrange bruit de la pluie !

musique de plein air
dans un local confinée
c'est un drôle d'été !

MERCREDI 4 AOÛT

parfum ratatouille
légumes du soleil
sont à nul autre pareils !

il y a aussi
odeurs de fleurs terre et pluie
dans l'été pourri !

JEUDI 5 AOÛT

masque sourire faut porter
pour derrière cacher
chagrins détestés

des jambes bien fatiguées
un cœur très inquiet
et l'âme qui a froid

VENDREDI 6 AOÛT

lande de bruyère
de belles lumières
c'est l'Écosse en Limousin !

elle se met en boule
puis jamais ne bronche
bombyx de la ronce

SAMEDI 7 AOÛT

trente ans j'y crois pas
que tu es sorti de moi
mon grand fils à moi !

reine-des-prés pour mal de tête
c'est ma crème vedette !
aïe pour le diabète…

DIMANCHE 8 AOÛT

trompettes-de-la-mort
sont bien renommées
chic ! un coin on a trouvé

araignée crabe à l'affût
sur une fleur de menthe
qu'il pleuve ou qu'il vente

version particulière et naturelle du masque

datura dite *herbe du diable*

halias du hêtre

LUNDI 9 AOÛT

revoir des amis
c'est, je vous le dis…
une belle partie de la vie…

une halias du hêtre
drôle de petit être
ce joli papillon vert…

MARDI 10 AOÛT

prédateurs et proies
font partie ma foi
de nature la dure loi

l'instinct de la traque
oui mais chasse photographique…
et que chacun vaque !

MERCREDI 11 AOÛT

crème à la belle des prés
pour les douleurs c'est
une bonne fée !

le datura dangereux
c'est *l'herbe du diable*
beauté indéniable

JEUDI 12 AOÛT
(Nexon)

cette année avec le masque
fête moins fantasque
c'est quand même le cirque ! (Sirque !)

petite nonnette
si vive et si fine
a une capuche sur la tête

JEUDI 13 AOÛT

pudibonde, nonnne ou panthère
que de vies cachées
toutes ignorées…

j'n'sais plus qui sont
ces chanteurs, siffleurs
ou bien rappeurs… du jardin !

SAMEDI 14 AOÛT

la difficulté :
faire avec la vie
s'adapter sans se renier

la rose aubépine
est pleine d'épines
mais les abeilles la butinent…

thomise citronnée

clairons des ruches

tigre du tilleul

DIMANCHE 15 AOÛT

la thomise citronnée
je la vois souvent
aime le changement…

chevrette en goguette
avec son bébé
elle n'est pas du tout inquiète !

LUNDI 16 AOÛT

une visite au cimetière
c'est l'anniversaire
départ d'une grand-mère

la spécialité d'ici
la floniarde aux pommes
moi : aux mirabelles !

MARDI 17 AOÛT

avant Mirabelle
surnom d'Isabelle
maintenant ma confiture !

pour mes invités
thé gourmand j'ai fait
avec plein de variété…

MERCREDI 18 AOÛT
(Manosque)

prendre la voiture
et voir les parents
pour l'empreinte carbone c'est dur !

la France un pays
qui, comme la fleur, se déplie
paysages qui rient

JEUDI 19 AOÛT
(Manosque)

voir ma petite sœur
plus si petite à cette heure…
mais ma petite sœur !

expo de vitraux
mandalas et bois tourné
l'air le feu et l'eau

VENDREDI 20 AOÛT
(Manosque)

pour les ruches les clairons rouges,
noirs et tout poilus
ennemis connus !

minuscule tigre en dentelle…
sur feuilles du tilleul
mais c'est démentiel !

lézard des ruines dit *lézard sicilien*

graine grelot

Erice (Sicile)

SAMEDI 21 AOÛT
(Palerme)

à nos voyageurs
toujours partageurs :
être avec vous quel bonheur !

granite au citron
comme en foire des larrons
petit-déjeunons !

DIMANCHE 22 AOÛT
(Palerme)

à l'opéra *dei pupi*
ça bataillait dur :
et hop et… youpi !

statues dénudées
les nonnes ont coupé
(et sans vergogne)… les nez !

LUNDI 23 AOÛT
(Palerme/Monreale)

ne faut pas quitter Palerme
sans la Palatine
pour mon père divine…

Monreale ou Trapani
pierres et harmonie
à six réunis…

MARDI 24 AOÛT
(Calatafimi/Segeste)

Calatafimi
le ciel infini
on voit le temple d'ici

Vivaldi pour un concert
oui mais à Segeste
c'est pas comme le reste !

MERCREDI 25 AOÛT
(réserve de Zingaro)

à Zingaro sur la plage
le lézard des ruines
costume à la page !

couscous au poisson
c'est à Scopello
où il fait bien un peu chaud !

JEUDI 26 AOÛT
(Erice)

sous le panneau s'embrasser
mais si, c'est marqué !
un peu se cacher…

quel est ce bijou,
coffret ciselé ?
luzerne ? non, ce n'est pas vrai !

salines de Trapani

île de Levanzo

VENDREDI 27 AOÛT
(Salines de Trapani/Marsala)

le moulin qui moud le temps
le sel sèche au vent
et les hommes passent

étonnant et alléchant
les figues qui sèchent
presque tête bêche…

SAMEDI 28 AOÛT
(Levanzo)

une île au village blanc
au milieu du temps
du bleu et du vent

grotte au fond du temps
dessins si distants
ils me touchent infiniment

DIMANCHE 29 AOÛT
(Sélinonte/Mazara del Vallo)

la cité en ruines
nous renvoie aux origines
vie qu'on imagine…

les majoliques (quel régal !)
le quartier arabe
les ruelles en dédale

LUNDI 30 AOÛT
(Palerme)

tout a une fin
surtout quand c'est bien !
oui il faut déjà partir…

s'il suffit de s'plaindre
pour se bien porter
j'en connais qui vont très bien !

MARDI 31 AOÛT
(Manosque)

fêter tous au restaurant
le jour de celui
qui n'a plus vingt ans…

avec la lumière qui danse
et les senteurs denses…
c'est bien la Provence !

MERCREDI 1ER SEPTEMBRE
(Manosque)

j'aim'la rumba des saisons
et leur floraison
comme une oraison

l'équilibre est dans
le perpétuel changement
sinon on nous ment…

expo Marinette Cueco Salagon (Mane)

fleur d'aubergine

punaises vertes juvéniles

JEUDI 2 SEPTEMBRE
(prieuré de Ganagobie)

tortue de pierre ou
mosaïques d'hier
Ganagobie hors du temps

conciliabule ou concile
punaises juvéniles
sont quand même graciles

VENDREDI 3 SEPTEMBRE
(Salagon)

tiges graines et fleurs
expo tissage et dentelle
c'est plein de douceur

jardins ont grandi
poésie variée
Salagon a réuni…

SAMEDI 4 SEPTEMBRE
(Manosque)

tout comme autrefois
refaire le marché
mais comme tout a bien changé…

revoir copains de lycée :
très excitant, c'est…
nostalgique aussi !

DIMANCHE 5 SEPTEMBRE
(La Grande-Motte)

revoir la tatie
dans son nid de sable
et partager une table…

un plat de moules frites
nous rappellent bien
la vie à Malo-les-Bains…

LUNDI 6 SEPTEMBRE

tant de jours trop occupée
rythme à retrouver
l'été est bien terminé

fleurs d'aubergine condamnées
sont mes préférées
savent pas s'dépêcher !

MARDI 7 SEPTEMBRE

une forêt primaire
pour ceux d'une autre ère
une utopie pour me plaire !

le mois de septembre
a des couleurs d'ambre
et puis un goût de gingembre !

chrysope

cicadèle bison

tircis

MERCREDI 8 SEPTEMBRE

chrysope lion des pucerons
se met à l'abri
dans notre maison !

ici on t'appelle rapiette
tu frémis et fff
t'es dans ta cachette !

JEUDI 9 SEPTEMBRE

tu connais tircis
qui tel Osiris
renaît ?… mais pas en janvier !

ville assommée par le temps
un souffle de vent
vive maintenant !

VENDREDI 10 SEPTEMBRE

la Vienne alanguie…
des brumes sans trêve
comme des rêves s'élèvent

inventer un monde heureux
sobre mais joyeux
s'en émerveiller…

SAMEDI 11 SEPTEMBRE

elle porte sa citadelle
au front cicadelle
tout comme un bison !

pourquoi faut courir ?
pour voir et aimer
t'as pas besoin de 5G

DIMANCHE 12 SEPTEMBRE

pommes cette année
vous ne payez pas de mine
compote ferez

j'aurais détesté
le trop grand succès
mais je voudrais partager !

LUNDI 13 SEPTEMBRE

reprendre en chantant
la vie comme avant
mais faudrait tirer leçon…

ne pas oublier
l'importance de la beauté
qui, elle, nous rassemble

chrysomèle du romarin

coccinelle à damier (propylea quatuordecimpunctata)

mélitée du plantain

MARDI 14 SEPTEMBRE

sur lavande fanée
chrysomèle du romarin
ses couleurs flambaient !

antennes orangées
tête de lutin
et trompe qui n'est pas rangée !

MERCREDI 15 SEPTEMBRE

le brouillard qui pleure
la lumière qui meurt
beaucoup d'angoisse dans mon cœur

triste jour celui
où meurt la bougie
qu'était la vie d'un ami

JEUDI 16 SEPTEMBRE

répéter pour partager
des notes et des mots
spectacle bientôt…

est-ce en vieillissant
qu'on est impatient ?
ou est-ce le médicament ?

VENDREDI 17 SEPTEMBRE

inquiétude pour le climat
tristesse pour l'ami
drôle de jour pour moi

lecture musicale :
j'te dédie ce récital
ami idéal
(aujourd'hui tout est bancal)

SAMEDI 18 SEPTEMBRE

toujours du vent de la pluie
c'est jamais fini
quel été pourri !

on croit qu'on connaît
coccinelle oui mais…
théa ou propyléa ?

DIMANCHE 19 SEPTEMBRE

près des haies on a laissé
bûches entassées
gîte à hérisson

une belle journée
tout est oublié…
même l'été si mouillé !

robert le diable

femelle de malmignate des maisons

notre chevrette

LUNDI 20 SEPTEMBRE

tell'ment longtemps sans écrire
tant à rattraper
suis découragée !

le diable sur les asters
c'est bien le Robert
qui se désaltère !

MARDI 21 SEPTEMBRE

nos pommes tombées
chevrette le sait :
délicieuses et pas traitées !

sortant les poubelles
la lune était belle…
et mon ombre m'a fait peur !

MERCREDI 22 SEPTEMBRE

la première feuille a tourné
bien fini l'été
automne arrivé

malmignatte quel drôle de nom !
mignonne pourtant
si j'ai peur ? mais non !

JEUDI 23 SEPTEMBRE
(Andresy)

une église pleine
pleine de notre peine
et bruissante d'amitié

elle est emplie de lumière
ce n'est pas d'hier
mon amie prière

VENDREDI 24 SEPTEMBRE
(Andresy)

ton lieu de repos
est si beau si haut
vue sur la Seine et la paix

ami, ce chant de nos cœurs
s'élève tout droit
et s'en va vers toi

SAMEDI 25 SEPTEMBRE

les asters bourdonnent
et frémissent à qui mieux mieux
tell'ment de paires d'yeux !

les citrouilles les potirons
dansent tous en rond
sur les fils tendus

bébé cèpe

déco d'automne

gobe-mouche gris

DIMANCHE 26 SEPTEMBRE
(salon Méli-Mélo du Vigan)

peur de perdre les pédales
j'n'reconnais plus
les gens ni que dalle…

lecteurs et auteurs
se retrouvent avec bonheur
et se méli-mèlent

LUNDI 27 SEPTEMBRE

la vie qui reprend
rien n'est comme avant
ma tête perd le sens du temps

gobe-mouche gris
bientôt au Sahel
un exploit à tire-d'aile…

MARDI 28 SEPTEMBRE

pour mon amie endeuillée
faire à l'atelier
ombrelle émaillée

saison des fruits et des baies
l'automne en beauté
est à déguster

MERCREDI 29 SEPTEMBRE

qui voit ses veines voit ses peines
grosses sont les miennes
c'est encore ma peine ?

les arbres nouveaux
au cœur me font chaud
l'avenir, mieux que des mots !

JEUDI 30 SEPTEMBRE

brume et lumière rousse
c'est lui l'automne qui en douce
s'installe au jardin

décidé mon Limousin :
apprendre et parler
patois de son coin…

VENDREDI 1ER OCTOBRE

amitié aux cèpes
balade aux châtaignes
ça plairait bien à Montaigne !

transformé les pommes
en curd ou compote
j'aime bien faire la popote…

soir qui flambe

cardère dit *cabaret des oiseaux*

feuilles d'automne

SAMEDI 2 OCTOBRE

oui nous décidons
opération hérissons
(voir s'ils viennent chez nous…)

la science participative :
mettre en perspective
beaucoup de données…

DIMANCHE 3 OCTOBRE

cèpes dans pommes de terre
ça améliore l'ordinaire…
et on en est fiers !

cardère autrefois cardait…
aux oiseaux à c't'heure
sert de cabaret…

LUNDI 4 OCTOBRE

se mettre à chanter
après tous ces mois passés
plaisir oublié

le soir parfois je vois rouge
la maison dans l'ombre
tout doucement sombre

MARDI 5 OCTOBRE

petit son bruissant
oiseaux migrateurs ?
non, nuée de feuilles au vent

tout en transparence
les feuilles qui dansent
contre le pastel du ciel…

MERCREDI 6 OCTOBRE

la bouteille donnée
par l'amie partie
j'ai retrouvée aujourd'hui !!

craterelles dites trompettes
cette année quelle chance :
cornes d'abondance !

JEUDI 7 OCTOBRE

pari météo
fèves semées tôt
si l'hiver est froid… c'est chaud !

il faut le nourrir
et l'entretenir
car le sol c'est l'avenir…

coucher de soleil près de la réserve du Teich

spatule

aigrette garzette pêchant

VENDREDI 8 OCTOBRE
(dune du Pilat)

dune du Pilat
combien sont les grains ?
chiffre on imagine en vain…

le ciel flambe doucement
paisibles oiseaux
ne sont que des faux !

SAMEDI 9 OCTOBRE
(réserve ornithologique du Teich)

dans l'observatoire
vous regarder boire
on se sent un peu voyeurs…

ronde des spatules
amusant spectacle
le bec dans l'eau font des bulles

DIMANCHE 10 OCTOBRE
(Le Teich)

refuge encerclé
par des chasseurs aux aguets
j'suis déconcertée

à pied à vélo
c'est un beau week-end ma foi
juste toi et moi

LUNDI 11 OCTOBRE

les enfants arrivent !
notre joie est vive
d'accueillir nos voyageurs…

tu tombes comme une pierre
toi l'araignée fière
toujours artiste de l'air…

MARDI 12 OCTOBRE

attendre et attendre
j'aime pas ça du tout
alors écrire des haïkus !

c'est si important de voir
tout, matin et soir…
d'observer pouvoir…

MERCREDI 13 OCTOBRE

la maison qui vibre
on se sent plus libres
avec les jeunes si vivants !

avec les enfants
la meilleure chorale
sûr, il n'y a rien qui la vaille !

coccinelle rose

feuille de liquidambar

dentelle d'automne

JEUDI 14 OCTOBRE

plaisir de chanter
un vrai festival
c'est la chorale familiale !

cette nuit il a gelé
sur l'herbe encore raide
mes pas sont tout verts

VENDREDI 15 OCTOBRE

la récolte en gros :
citrouilles et potimarrons…
ça fait des kilos !

compost de l'an dernier
tu vas amender
sol du potager

SAMEDI 16 OCTOBRE

sont emprisonnées,
par l'eau enlacées,
les dernières feuilles de l'année

sur la lande en ribambelle
roses coccinelles
je vous trouve belles

DIMANCHE 17 OCTOBRE

je peux applaudir
pas lever les bras au ciel
mieux vaut miel que fiel !

toute petite souris
aim'nos pommes aussi
ses empreintes en dents de scie

LUNDI 18 OCTOBRE

il n'y'a pas deux feuilles
aux mêmes motifs ou couleurs…
même quand elles meurent

notre érable pleure
hier il flamboyait
déjà presque déplumé…

MARDI 19 OCTOBRE

j'ai fait aujourd'hui
mon bouquet d'automne
au salon couleur il donne…

pour notre cabane
un coup de pinceau
avant qu'il ne pleuve à seaux !

staphylin

cicadèle verte

tipule dit *cousin* ou *faucheux*

MERCREDI 20 OCTOBRE

comme tu t'escrimes staphylin
en garde et en vain !
je t'aide à sortir

une tête d'Halloween
la cicadelle verte
une bête qui suce et qui mine

JEUDI 21 OCTOBRE

un, deux, trois, soleil !
soleil d'automne se réveille :
sécher mes cheveux…

un nouvel accueil
toujours voir d'un nouvel œil
la vie que l'on cueille…

VENDREDI 22 OCTOBRE

pensum quotidien…
qui lira tout ça ?
je me le demande bien !

règles du français
sont bien compliquées
j'sais pas toujours expliquer !

SAMEDI 23 OCTOBRE

c'était tout gelé
ensuite pour se promener…
quelle belle journée !

pour la première fois
j'ai vu tes yeux verts
cousin tipule, bien ouverts !

DIMANCHE 24 OCTOBRE

pour nous la forêt
tapis rouge tapis doré
avait déposé…

pas pour nous je le sais bien !
mais ça ne fait rien…
tapis doux aux pieds !

LUNDI 25 OCTOBRE

à pleines brouettes
feuilles au potager
pas celles du liquidambar !

ne faut pas crier
pour chanter le kyrie
comme si on priait…

feu d'artifice d'automne

art éphémère

pissenlit

MARDI 26 OCTOBRE

au fond du nichoir
nid douillet plumes et duvet
mésanges ont niché !

je t'entends prier
puisses-tu dompter
ce que ta vie doit charrier…

MERCREDI 27 OCTOBRE
(festival de Ménigoutte)

jamais on n'a tant parlé
de la vie sauvage
mais elle disparaît…

demoiselles qui dansent
ou marlins en transe
faudrait leur donner leur chance…

JEUDI 28 OCTOBRE
(festival de Ménigoutte)

images et puis sons
on est immergés
dans ce monde qu'il faut sauver…

des loups des lions et des loutres
des pies et des pieuvres
variété à l'œuvre !

VENDREDI 29 OCTOBRE
(festival de Ménigoutte)

ici on voit bien
qu'on n'est pas les seuls
mais qu'on s'inquiète pas pour rien…

fini ce journal…
encore des lecteurs ?
j'leur dis bravo c'est pas mal !

**ESPÉRER QUE L'ÊTRE HUMAIN
CHOISIRA DEMAIN
UN MEILLEUR CHEMIN…**

Limoges

coucher de soleil limousin

Achevé d'imprimer
en mars 2022
en Union Européenne.